MINISTÈRE OBLIGATOIRE

DE

L'AGENT DE CHANGE

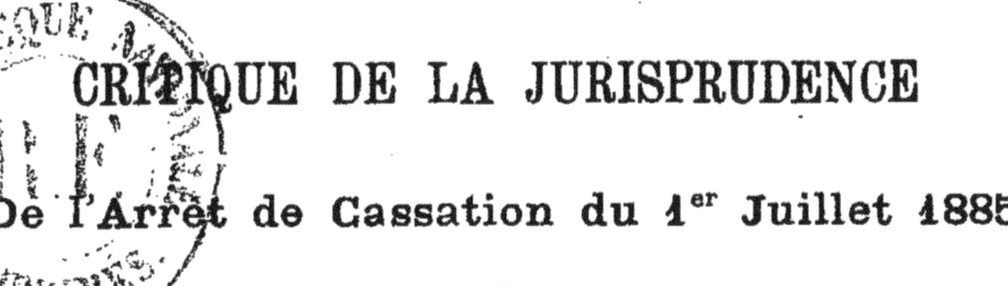

CRITIQUE DE LA JURISPRUDENCE

De l'Arrêt de Cassation du 1er Juillet 1885

LYON

A. REY & Cie, IMPRIMEURS-ÉDITEURS

4, RUE GENTIL, 4

—

1904

MINISTÈRE OBLIGATOIRE

DE

L'AGENT DE CHANGE

CRITIQUE DE LA JURISPRUDENCE

De l'Arrêt de Cassation du 1er Juillet 1885

LYON

A. REY & Cie, IMPRIMEURS-ÉDITEURS

4, RUE GENTIL, 4

1904

MINISTÈRE OBLIGATOIRE

DE

L'AGENT DE CHANGE

CRITIQUE DE LA JURISPRUDENCE

De l'arrêt de Cassation du 1er Juillet 1885

Par un arrêt du 1er juillet 1885, la Cour de cassation, revenant sur une précédente jurisprudence, qui était la vraie, a prétendu restreindre le ministère obligatoire des Agents de change aux seules valeurs admises à la cote par les Chambres syndicales.

Elle a basé sa décision sur une interprétation très spéciale des termes employés par le Code de commerce, lorsque, par son article 76, il prépose les Agents de change à la négociation des effets « susceptibles d'être cotés ». L'arrêt en question n'entend par valeurs « susceptibles d'être cotées » que celles qui, ayant été l'objet d'une certaine procédure d'investigation spéciale de la part des Chambres syndicales, ont été admises par elles à l'inscription à la cote. Quant aux valeurs qui n'ont pas subi avec succès cette procédure d'admission à la cote, elles demeureraient en dehors du ministère obligatoire de l'Agent de change.

Le but de la présente note est d'établir que cette décision de la Cour de cassation est contraire à la loi et qu'elle est aussi peu satisfaisante, dans la pratique, qu'elle est mal fondée en droit.

L'interprétation donnée par la Cour à l'article 76 du Code de commerce ne peut résister à un examen plus approfondi ; les plus graves motifs de rejeter cette interprétation n'ont pas été plaidés devant elle ; elle devra certainement la rejeter et revenir à sa précédente jurisprudence, à la première occasion, pour les raisons suivantes :

Parce qu'*il n'existe pas, en droit, de procédure d'admission à la cote*, en ce qui concerne les valeurs françaises ; ce motif est péremptoire ;

Parce que, même si cette procédure existait, les termes de l'article 76 du Code de commerce demeureraient absolument réfractaires à l'interprétation que la Cour de cassation prétend leur donner ;

Parce que, ainsi que l'a justement fait observer M. le premier Président Ballot-Beaupré, aucune compétence territoriale n'étant attribuée aux Agents de change, le régime organisé par cette décision est d'une application pratique impossible, sous l'empire des lois actuelles.

Pour vérifier l'exactitude de ce qui vient d'être avancé, il y a lieu d'examiner d'abord les termes de l'article 76 du Code de commerce, lequel est ainsi conçu :

« Les *Agents de change*, constitués de la manière prescrite par la loi, ont seuls le droit de faire les négociations des effets publics et autres susceptibles d'être cotés, de faire, pour le compte d'autrui, les négociations des lettres de change ou billets et de *tous papiers commerçables* et d'en *constater le cours.* »

En 1807, époque de la promulgation du Code de commerce, les Agents de change *cotaient toutes les valeurs négociées* par eux, sauf les valeurs étrangères qu'ils négociaient sans cote.

On ne peut soutenir que les rédacteurs de l'article 76 aient entendu désigner, par *valeurs susceptibles d'être cotées*, les seules valeurs admises à la cote par les Chambres syndicales, attendu que la procédure d'admission à la cote par ces Chambres n'existait pas encore à cette époque, qu'elle ne s'est introduite, illégalement d'ailleurs, dans les usages de la Compagnie des agents de change de Paris que bien après 1832 (son Règlement de cette époque — 12, 16 et 19 novembre 1832 — n'en parle pas encore), et que plusieurs Compagnies des départements ignorent actuellement cette procédure, celle de Lyon notamment.

A l'époque du Code de commerce, et longtemps après encore, les valeurs mobilières, très peu nombreuses alors, étaient inscrites pour la première fois à la cote, lorsqu'un agent, de sa propre autorité, requérait l'inscription du cours d'une négociation faite par son entremise, droit qui lui appartenait et lui appartient toujours, en vertu de l'article 76, lui donnant le privilège de pouvoir « *constater le cours* » des négociations faites par lui.

Aussi la Cour de cassation a-t-elle décidé, par son arrêt du 7 décembre 1853, que le ministère de l'agent de change est obligatoire, non seulement pour les valeurs, qui sont matériellement inscrites à la cote, mais encore pour toutes celles qui sont susceptibles d'y être inscrites, c'est-à-dire pour toutes celles dont la cotation ou la négociation n'est pas interdite par une loi (Dalloz, 1854, I, 128).

Le droit de constater le cours des valeurs négociables, de les inscrire à la cote, est donc conféré par le Code de commerce, non pas à la Chambre syndicale, mais à l'*Agent de change*, à l'officier ministériel créé pour être l'intermédiaire des négociations de bourse.

Depuis le Code de commerce, un seul acte législatif a donné aux Chambres syndicales une certaine mission à remplir en matière d'admission à la cote, en ce qui concerne les valeurs françaises : c'est le décret du 7 octobre 1890, par son article 80, ainsi libellé :

« Dans les Bourses *pourvues d'un Parquet*, le bulletin de la cote comporte une partie PERMANENTE, dite « officielle », comprenant les valeurs qui ont été préalablement reconnues par la Chambre syndicale, donner lieu, ou pouvoir donner lieu sur la place à *un nombre suffisant de transactions*. Les fonds d'Etat français y sont portés de droit.

« *Les valeurs non comprises dans cette partie officielle figurent à la seconde partie du bulletin de la cote.* »

Ainsi, pour les seules Bourses munies d'un Parquet, le décret de 1890 assigne à la Chambre syndicale une certaine mission à remplir en matière de cote ; mais cette mission est toute de détail et n'altère en rien (un décret, du reste, n'aurait pas le pouvoir de l'altérer) le droit donné par le Code *à chaque agent de change*, de constater le cours de toute négociation opérée par son entremise.

Par mesure d'ordre, la Chambre syndicale près chaque Bourse munie d'un Parquet est chargée dorénavant de déterminer quelles sont les valeurs qui, *à raison de l'importance actuelle ou probable de leurs transactions*, méritent d'avoir une ligne *permanente* sur le bulletin de la cote.

Ces valeurs, d'une négociation plus courante, sont groupées dans une première partie du bulletin, dite « officielle ».

Les autres valeurs sont cotées dans une seconde partie, dans laquelle, pour éviter l'encombrement, *elles n'ont pas droit à une ligne permanente*, mais seulement à une inscription faite *chaque fois qu'un agent la requiert*, pour constater une négociation conclue par son ministère.

La cote est le fait de l'officier ministériel, aussi bien dans la seconde partie du bulletin que dans la première ; le cours est *authentique* aussi bien dans l'une que dans l'autre.

Mais c'est dans la première partie seulement que certaines valeurs, d'une négociation plus courante, figurent à l'état *permanent*.

Déterminer quelles sont ces valeurs d'une négociation assez courante pour être inscrites dans la partie *permanente* du bulletin, tel est le rôle de la Chambre syndicale en matière de cote, *le seul qu'elle ait à remplir*.

Il n'est nulle part question de l'examen des conditions de l'émission, de la constitution de la Société émettrice, etc. ; ces sortes de vérifications excèdent toutes la compétence de la Chambre syndicale.

Quant au devoir de ne coter que les valeurs *susceptibles de cote,* ce n'est pas à elle qu'il est imposé, mais à l'Agent de change, officier ministériel.

Ce devoir est des plus simples à remplir ; il n'oblige à approfondir aucune question de droit, mais comporte seulement l'examen des conditions apparentes de régularité du titre.

S'il s'agit d'une action, est-elle ou non libérée du quart au moins? Si elle est de moins de 100 francs, le capital indiqué sur le titre n'est-il pas supérieur à 200.000 francs ? S'il s'agit d'une valeur à lots, est-elle autorisée ? etc.

Nous ne saurions trop le répéter, la cote, si on ne commet pas l'erreur de la prendre pour une *certification de la sécurité* du titre coté, n'oblige à aucune vérification compliquée, à aucun examen comparable, comme difficulté, à celui qu'exige, de la part de l'Agent de change, la matière bien autrement délicate des transferts avec remplois dotaux ou autres complications contentieuses; pourtant chaque agent de change prend individuellement la responsabilité de ses transferts, sans chercher à se faire couvrir par la Chambre syndicale.

Pourquoi en serait-il autrement de la cote ? La question est si simple, pourvu qu'on la dégage de celle de la *sécurité* de la valeur cotée, qui concerne l'acheteur ou le vendeur, et non l'intermédiaire.

Donner l'*authenticité* et la *publicité* au cours de toute négociation, telle est l'unique mission de l'Agent de change en matière de cote.

Quant à la Chambre syndicale, elle n'a sur ce point,

et depuis le décret de 1890 seulement, qu'une *mission de détail* à remplir : celle de choisir, dans la quantité des valeurs négociées, celles qui donnent ou peuvent donner lieu à des transactions suffisantes pour nécessiter une ligne *permanente* dans la première partie du bulletin, dite « officielle ».

Pourtant, du moins en ce qui concerne la Bourse de Paris, la pratique n'est pas conforme à des prescriptions légales aussi peu compliquées.

Cela tient au trouble profond apporté dans les usages de la Bourse par l'absence d'une réglementation précise de la profession d'Agent de change, pendant la période de temps, qui s'est écoulée entre la promulgation du Code de commerce, en 1807, et celle du décret de 1890.

Que s'est-il donc passé pendant cette période ?

Les Agents de change ont commencé par se conformer strictement à l'article 76 du Code de commerce ; à mesure que chacun d'eux négociait une nouvelle valeur, il l'inscrivait à la cote officielle de sa propre autorité, sans aucune décision de la Chambre syndicale.

Cet état de choses s'est prolongé jusque vers 1850. Comme il a été dit plus haut, le dernier Règlement particulier des agents de change de Paris, antérieur à cette date, celui du 19 novembre 1832, ne fait encore aucune allusion à une procédure d'admission à la cote par la Chambre syndicale.

Mais vers 1850, par suite de l'introduction continue de nouvelles valeurs, à mesure qu'un agent concluait une première négociation sur chacune d'elles, le bulletin de la cote arriva à être assez encombré pour qu'on redoutât de se trouver promptement dans l'impossibilité matérielle de l'accroître indéfiniment.

C'est alors que commença à s'établir à la Bourse de Paris l'habitude de n'inscrire à la cote que les valeurs admises par la Chambre syndicale à y figurer.

Cet usage était en contradiction flagrante avec la logique et avec les indications précises données par le Code de commerce sur le mécanisme de la cote et des négociations, sur la dépendance de l'une vis-à-vis des autres.

D'après le Code — et la raison est en parfait accord avec lui — ce sont les négociations qui déterminent la cote [1].

Au contraire, la Chambre syndicale de Paris a voulu que son invention d'admission à la cote déterminât les négociations.

La cote avant la négociation ! N'est-ce pas le rebours du bon sens ?

De par la logique et de par la loi, la cote doit obéir à la négociation ; or, à Paris, on a voulu qu'elle lui commandât !

De cet usage, qui ne relevait d'aucune disposition légale, qui allait même directement à l'encontre de la loi, la Chambre syndicale de Paris ne tarda pas à en arriver à la conviction qu'en décrétant l'admission à la cote, elle exerçait un droit.

Cette conviction erronée passa peu à peu dans l'esprit de la Compagnie entière, qui la formula

[1] Article 72 du Code de Commerce : « Le résultat des négociations et des transactions qui s'opèrent dans la bourse *détermine le cours*... »

ainsi, et pour la première fois, dans son Règlement particulier du 24 juillet 1870 :

« Article 155. — La Chambre syndicale, sous l'autorité du Ministre des finances, a tout pouvoir pour accorder, refuser, suspendre ou interdire la négociation d'une valeur autre que les fonds d'Etat français à la Bourse de Paris, soit au comptant, soit à terme.

« Elle se fait remettre à cet effet toutes les pièces, justifications et renseignements qu'elle juge nécessaires.

« Article 156. — Lorsqu'il est reconnu par la Chambre syndicale que la cote d'une valeur est commandée par l'intérêt général, elle peut d'office prononcer son admission au comptant et à terme.

« Elle peut refuser la radiation d'une valeur déjà inscrite à la cote. »

Ces dispositions n'avaient aucune valeur légale, puisqu'elles n'étaient pas revêtues de la sanction gouvernementale exigée par l'article 22 de l'arrêté du 27 prairial an X et l'article 6 de l'ordonnance du 29 mai 1816.

Malgré cela, l'effet d'une pratique constante fut tel que, en dépit de leur illégalité, on s'habitua à ces prescriptions, qui se transformèrent en cette formule plus courte et souvent répétée, même par des jurisconsultes : « La Chambre syndicale est maîtresse de la cote. »

Cette formule pénétra jusqu'à la Cour de cassation, qui y puisa la jurisprudence inattendue adoptée par elle en 1885, *en contradiction avec ses décisions antérieures et avec celles de toutes les Cours d'appel*[1],

[1] Paris, 13 novembre 1882; Dalloz, 1883, II, 87. — Orléans,

jurisprudence d'après laquelle les mots « susceptibles d'être cotés » employés par l'article 76 du Code de commerce signifieraient « admis à la cote par la Chambre syndicale ».

D'après cette interprétation, le Code de commerce donnant aux Agents de change le monopole de la négociation des valeurs « susceptibles d'être cotées », et ces expressions étant considérées comme synonymes de « admises à la cote par la Chambre syndicale », il en résulterait que les valeurs non inscrites à la cote échapperaient à ce monopole.

Après ce qui vient d'être dit, on voit immédiatement par où pèche ce raisonnement; en dehors de la torture qu'il fait subir aux mots employés par l'article 76, il est évident que, l'usage de l'admission à la cote par la Chambre syndicale n'ayant commencé à s'implanter à Paris, contrairement à la loi, que *vers 1850*, les rédacteurs du Code n'ont pas pu avoir en vue cet usage, lorsqu'ils employaient, *en 1807*, les expressions « susceptibles d'être cotés ».

Il est impossible de ne pas être frappé de cet anachronisme, dès qu'on l'aperçoit, et sa valeur ne peut échapper à aucun Tribunal, pour peu qu'on le fasse ressortir devant lui, ce qui n'a pas encore eu lieu jusqu'à présent.

Et ce n'est pas seulement par son interprétation torturée des mots « susceptibles d'être cotés », que la jurisprudence de la Cour de cassation froisse le sens

18 avril 1883; Dalloz, 1884, II, 10.— Lyon, 29 novembre 1883; Dalloz, 1884, II, 180. — Toulouse, 6 juin 1883; Dalloz, 1885, II, 75. — Lyon, 19 juin 1883; Dalloz, 1885, II, 185.

naturel de l'article 76 du Code de commerce; elle est, en outre, incompatible avec le second membre de phrase de ce même article.

Après avoir institué l'Agent de change pour « faire les négociations des effets publics et autres susceptibles d'être cotés », l'article 76 ajoute à ses attributions exclusives « les négociations des lettres de change ou billets et de *tous papiers commerçables* ».

Ainsi, après avoir détaillé les négociations les plus usuelles dépendant du ministère des Agents de change, l'article 76 généralise et récapitule; il ferme la porte à toute échappatoire, en ajoutant que l'Agent de change négociera, d'une manière générale, *tous papiers commerçables*, c'est-à-dire qu'il négociera tout ce qui peut se commercer, se négocier, qu'il sera l'intermédiaire obligatoire de toute négociation.

C'est bien, pour tout esprit non prévenu, le sens frappant de l'article 76; il veut qu'aucune négociation ne soit soustraite aux garanties de sécurité, résultant du fait de l'entremise de l'officier ministériel créé par la loi dans ce but.

C'est, sous une autre forme, la répétition de l'article 6 de l'arrêté du 27 prairial an X : « Il est défendu... de confier ses négociations, ventes ou achats, et de *payer des droits de commission ou de courtage à d'autres qu'aux Agents de change.* » Les expressions sont différentes, mais la pensée est la même : proscrire toute négociation quelconque par intermédiaire sans qualité.

On a prétendu que les mots « *tous papiers commerçables* » employés par le Code sont bien une récapitulation, une généralisation, mais seulement en ce qui concerne le second membre de phrase de l'article 76, dans lequel il n'est plus question que des *lettres de change ou billets;* la généralisation ne portant plus que sur cette sorte de papiers, les mots « papiers commerçables » seraient synonymes de ce que nous appelons aujourd'hui « effets de commerce », par opposition aux « valeurs de bourse »; le second membre de phrase de l'article 76 devrait alors être lu comme s'il y était écrit : « Les négociations des lettres de change ou billets et de *tous autres effets de commerce.* »

Il est facile de démontrer que cette interprétation ne peut pas être admise.

En dehors de ce qu'elle est contraire à l'esprit des documents législatifs, qui ont précédé le Code, et notamment à l'article 6 de l'arrêté du 27 prairial an X, qui vient d'être cité, elle est contraire encore, et surtout, à la terminologie même de tous ces documents, qui répètent souvent les expressions « *papiers commerçables* » et les emploient toujours dans le sens de « valeurs de bourse », par opposition avec les autres valeurs négociables que nous appelons aujourd'hui « effets de commerce ».

Ainsi l'article 28 de l'arrêt du Conseil du 24 septembre 1724 permet à l'Agent de change d'être à la fois l'intermédiaire du vendeur et de l'acheteur (ce que nous appelons aujourd'hui faire des applications), mais seulement lorsqu'il s'agit de lettres de change ou billets (aujourd'hui effets de commerce).

Au contraire, l'article 29 du même arrêt du Conseil exige l'intervention de deux agents de change, un pour l'acheteur et un autre pour le vendeur (c'est-à-dire qu'il interdit les applications), lorsqu'il s'agit de « papiers commerçables ». Les « papiers commerçables » sont les valeurs autres que les effets de commerce cités dans l'article précédent; ils sont ce que nous appelons aujourd'hui les « *valeurs de bourse* ».

Cette même distinction se retrouve encore textuellement ou implicitement dans l'arrêt du Conseil du 22 décembre 1733, dans celui du 26 novembre 1781 (articles 13 et 14), dans le Règlement du 5 septembre 1784 (article 3), dans l'arrêt du Conseil du 7 août 1785 (articles 3, 4 et 5), dans le préambule de celui du 2 octobre 1785 et de celui du 10 juin 1788.

Il est évident que, procédant en 1807 à la refonte de la législation antérieure, les rédacteurs du Code n'ont pas employé des expressions aussi spéciales dans un sens diamétralement contraire à la terminologie de cette législation. Si, dans cette législation, les mots « papiers commerçables » signifiaient « valeurs de bourse » par opposition à « effets de commerce », ils n'ont pas employé ces mêmes mots dans le sens diamétralement opposé, c'est à-dire pour signifier « effets de commerce » à l'exclusion de « valeurs de bourse ».

Cela est de toute évidence ; il est donc certain que le Code a consacré l'ancien principe, celui de l'arrêté du 27 prairial an X, qui n'est pas abrogé d'ailleurs : « Défense de négocier quoi que ce soit de ce qui est négociable par tout autre intermédiaire que l'Agent de change. »

MM. Camille Lyon et Georges Teissier critiquent ainsi qu'il suit[1] la jurisprudence nouvelle de la Cour de cassation et le caractère artificiel de la procédure

[1] *Les opérations de bourse et l'impôt du timbre*, 1894, p. 49 et suivantes.

d'admission à la cote par les Chambres syndicales.

Les observations de ces deux auteurs, outre le poids d'une compétence reconnue, présentent encore cet intérêt particulier qu'ils sont tous les deux membres du Conseil d'Etat, et que M. Camille Lyon, aujourd'hui Président de section, a été chargé, comme Maître des requêtes, de faire le rapport sur le projet du décret de 1890, de sorte qu'il est peu de personnes qui en aient, mieux que lui, pénétré la pensée.

« Les raisons, disent-ils, par lesquelles on justifie le système de l'arrêt de 1885, peuvent, semble-t-il, ne point paraître décisives. D'une part, il est permis de trouver quelque peu tourmentée l'explication donnée au sujet de l'emploi, par les auteurs du Code de commerce, de la formule « susceptible d'être coté ».

«....... Il n'est pas interdit, de plus, de considérer un pareil système comme en contradiction avec l'institution même du monopole des Agents de change. Pourquoi la loi a-t-elle créé un monopole au profit des négociateurs officiels, déposant au Trésor un cautionnement spécialement affecté aux faits de charge, présentant des garanties, etc. (suit l'énumération de ces garanties)..... Pourquoi la loi a-t-elle soumis les bénéficiaires de ce monopole à des règles rigoureuses pour tout le mécanisme des négociations, règles qu'a consacrées et codifiées le règlement d'administration publique du 7 octobre 1890 ?

« C'est, abstraction faite des considérations financières corrélatives à la création d'offices, pour assurer — c'est là la formule traditionnelle — la loyauté des transactions et la *sincérité des cours*. C'est pour assurer au public, même malgré lui, cette double garantie, qu'on a créé ce monopole en faveur d'un corps spécial d'officiers publics, et qu'on en a ainsi réglementé l'exercice. Qu'une semblable conception soit bonne ou mauvaise, c'est ce que nous n'avons pas à rechercher ici : ce que nous avons le droit de dire, c'est qu'elle se concilie médiocrement avec la faculté laissée aux détenteurs du monopole d'en déterminer eux-mêmes les limites et, en particulier, puisque c'est là surtout la pratique, *d'en exclure les valeurs à marché peu étendu*, dont il est *plus facile de fausser les cours* que ceux des valeurs de négociation courante.

« Mais il est, indépendamment et au-dessus de toutes ces raisons, un motif plus décisif d'écarter la doctrine qui fait reposer l'interprétation des mots « effets susceptibles d'être cotés » sur l'idée d'une procédure préalable d' « admission à la cote » : c'est le caractère *artificiel* et *profondément inconnu en 1807* de cette procédure.

« La cote, dans le langage de la pratique, c'est la *constatation* et la *publication* officielle des cours. Or, est-ce que les raisons qui ont fait établir le monopole des Agents de change, afin d'assurer, de sauvegarder, comme nous l'avons dit, *la sincérité des cours*, n'exigent pas impérieusement que, *pour toutes les valeurs*, ces cours soient *régulièrement constatés* et officiellement *publiés ?* A une semblable question, il semble bien qu'on ne puisse répondre que par l'affirmative. »

Après avoir passé en revue les documents législatifs antérieurs au Code de commerce, c'est-à-dire à 1807, MM. Camille Lyon et Georges Teissier ajoutent :

« Quoi qu'il en soit, aucun de ces textes ne comportait, dans ses termes, rien qui ressemblât à une procédure d' « admission à la cote », c'est-à-dire à des débats entre les Agents de change, destinés à établir une sorte de sélection parmi les valeurs, et à déterminer celles qui seraient, à l'exclusion de toutes autres, admises par eux à l'honneur de la publication officielle des cours. L'origine première de cette procédure, c'est ailleurs, c'est en dehors des textes qu'il faut la chercher, c'est, on peut l'affirmer, dans une *pure et simple question de mise en pages.*

« .... La mise en pages de la cote, à la Bourse de Paris, menaçant de s'allonger indéfiniment, des mesures restrictives s'imposaient. La solution du problème était simple d'ailleurs. Il fallait limiter cette mise en pages *permanente*, dont nous venons de dire l'objet et le but, aux valeurs à grand trafic, aux valeurs ayant ou susceptibles d'avoir, par leur importance, un marché suffisamment étendu et comportant des transactions suffisamment fréquentes, en d'autres termes, aux valeurs comportant des inscriptions de négociations à peu près journalières. Pour les autres, pour celles qui se négocient une fois toutes les semaines, ou tous les mois, ou même tous les six mois, ou tous les ans, il suffisait de les ajouter, *toutes les fois qu'elles avaient donné lieu à une négociation*, à la suite du tableau permanent, ou même, pour ne pas retarder la publication de celui-ci, de les insérer sur une feuille spéciale. »

MM. Lyon et Teissier, après avoir ainsi indiqué la méthode la plus simple, qui est celle du décret de 1890, font l'historique des hésitations qui, au lieu de cette simplicité, se sont succédé à la Bourse de Paris, de

1844 à 1866, pour aboutir au système ayant prévalu dans la pratique, avant la promulgation de ce décret.

« On partait, continuent-ils, de l'idée excellente en soi et parfaitement juridique, ainsi que nous l'avons dit..., que *tout cours fait doit être publié, doit être coté ;* mais on partait, en même temps, de l'idée infiniment plus contestable, qu'il ne peut rien y avoir en dehors et au delà de la mise en pages permanente, et, pour ne pas allonger indéfiniment cette mise en pages, on s'arrêta à un procédé éminemment simple. On se refusa à négocier indifféremment toutes les valeurs. On fit parmi elles une sélection, sélection donnant l'idée d'une sorte de recommandation, d'une sorte d'appréciation de la valeur des titres. Le problème était ainsi aisément résolu. Dès lors qu'on ne négociait point telle ou telle valeur, on ne faisait point de cours sur cette valeur ; dès lors qu'on ne faisait point de cours, il n'y avait point de cours à inscrire à la cote. Voilà comment les expressions : « admission à la cote » et « admission à la négociation » sont devenues peu à peu synonymes, mais synonymes en ce sens que la cote entraîne la négociation, et non pas — ce qui serait la véritable formule — que *la négociation entraîne la cote.* Voilà comment le tableau permanent de la cote est devenu, à Paris tout au moins, la nomenclature des seules valeurs négociées par les Agents de change et comment on a pu en inférer, au moyen d'une interprétation assurément inattendue de la formule « susceptible d'être cotée », qu'il limitait leur monopole. Voilà comment est née la conception juridique qui appelle les Agents de change eux-mêmes à tracer, modifier et transformer, à leur gré, les limites du privilège dont ils sont investis.

« ..... Aussi bien il semble résulter des dispositions du décret du 7 octobre 1890, surtout si on le rapproche des dispositions du projet de la Commission, projet qui consacrait expressément le droit des Agents de change de limiter leur concours à la négociation de certaines valeurs, que *cette interprétation n'a pas été celle des auteurs du décret.*

« L'article 80 de ce document donne explicitement la formule de la mise en pages permanente, mise en pages comprenant « les valeurs qui ont été préala-« blement reconnues par la Chambre syndicale, donner « lieu, ou pouvoir donner lieu sur la place à un nombre « suffisant de transactions ». A cette mise en pages il conserve la dénomination de « cote officielle »..... Mais, tenant compte de la situation particulière faite au marché français par l'existence d'un monopole légal, il ajoute que « les valeurs non comprises dans « cette partie officielle figurent à la seconde partie du « bulletin de la cote », ce qui paraît bien *rompre tout lien entre l'inscription à la cote officielle et la négociabilité par les Agents de change.* »

Ainsi, non seulement le décret de 1890 n'a pas consacré la formule de « la Chambre syndicale maîtresse de la cote », mais il l'a rejetée aussi formellement que possible, puisque le projet présenté au Conseil d'État par la Commission [1] contenait cette formule et que le texte définitif du décret l'a supprimée.

[1] Commission extra-parlementaire nommée par le Gouvernement pour élaborer ce projet; elle était présidée par M. J. Bozérian, sénateur.

Comme la remarque en a déjà été faite, il est intéressant de voir cette constatation faite par M. Camille Lyon, aujourd'hui Président de section au Conseil d'Etat et chargé, en 1890, comme Maître des requêtes, de faire le rapport sur le projet de ce décret ; il est particulièrement intéressant, disons-nous, de l'entendre exprimer, ainsi qu'il le fait dans le passage de son excellent ouvrage cité plus haut, son avis sur la pensée des auteurs du décret.

Du reste, l'article 80 de ce document est très clair par lui-même.

Dans quel cas assigne-t-il un rôle à la Chambre syndicale? — Lorsqu'il s'agit de l'inscription des valeurs à la première partie de la cote, partie permanente, dite officielle.

A quelles investigations doit se livrer la Chambre syndicale pour décider cette inscription? — A celles qui établissent que la valeur à inscrire donne lieu ou peut donner lieu à un nombre suffisant de transactions.

Quelles autres justifications doit-elle se faire donner ? — Aucune.

Quel rôle a-t-elle à jouer, en ce qui concerne l'inscription des valeurs dans la seconde partie de la cote? — Aucun.

Cela ne l'empêche pas d'avoir toujours à exercer, par les soins du Syndic ou de l'adjoint de service, la surveillance sur la *sincérité des cours*, aussi bien dans la seconde partie de la cote que dans la première (article 25 de l'arrêté du 27 prairial an X, articles 43, 77 et suivants du décret du 7 octobre 1890).

On peut torturer le texte de cet article 80, on ne peut rien en faire sortir de plus.

Il est extrêmement clair par lui-même, mais il l'est encore davantage, si c'est possible, quand on rapproche, comme le font MM. Camille Lyon et Georges Teissier, le texte adopté de celui qui a été rejeté.

Voici, au surplus, ces deux textes placés en regard l'un de l'autre.

Rien de plus éloquent que leur simple comparaison :

Texte rejeté

PAR LE CONSEIL D'ÉTAT

Article 47 du projet de la Commission. — Les Agents de change ont seuls le droit de faire les négociations des effets publics et autres *qu'une Chambre syndicale a reconnus susceptibles d'être admis à la cote officielle de la Bourse*, conformément aux dispositions de l'article 87.

Article 87. — Les fonds d'Etat français sont portés de droit à la cote au comptant et à terme.

Les autres effets publics français sont également portés de droit à la cote au comptant. La Chambre syndicale décide s'ils seront cotés à terme.

Elle a *tout pouvoir*, sous l'autorité du Ministre des finances, pour *admettre, refuser, suspendre* et *interdire* la négociation des autres valeurs.

Elle se fait remettre, à cet effet, *toutes les pièces justificatives et les renseignements* qu'elle juge nécessaires.

Texte adopté

PAR LE DÉCRET

Article 80 du décret de 1890. — Dans les Bourses pourvues d'un Parquet, le bulletin de la cote comporte une partie *permanente*, dite « officielle », comprenant les valeurs qui ont été préalablement reconnues par la Chambre syndicale *donner lieu, ou pouvoir donner lieu sur la place à un nombre suffisant de transactions*. Les fonds d'État français y sont portés de droit.

Les valeurs non comprises dans cette partie officielle *figurent à la seconde partie* du bulletin de la cote.

Rejeté, par conséquent, ce pouvoir omnipotent d'admettre, refuser, suspendre et interdire la négociation.

Rejetée, en d'autres termes, la formule de « la Chambre syndicale maîtresse de la cote ».

Rejetée la restriction du ministère obligatoire de l'Agent de change aux seules valeurs cotées.

Rejeté le contrôle du Ministre des finances, que la Chambre syndicale cherchait à placer au-dessus de ses décisions en matière de cote, afin d'échapper à une responsabilité qui n'existe pas, puisqu'elle n'a pas d'autre vérification à faire que celle de l'importance des transactions sur la valeur à admettre à la première partie de la cote.

Rejetée, pour le même motif, la nécessité de compulser des pièces justificatives et de rechercher des renseignements sur le mérite ou la régularité de la constitution de la Société qui a émis la valeur.

Le Conseil d'Etat n'a pas adopté le texte primitif de la Commission :

1° Parce que le pouvoir donné par lui à la Chambre syndicale a été considéré comme *contraire à l'article 76 du Code de commerce*, qui le donne à l'Agent de change individuellement ;

2° Parce que la cote est la simple constatation du cours d'une négociation, et que cette constatation ne nécessite *aucune production de pièces justificatives ou renseignements* quelconques sur le *mérite* de la valeur qu'il s'agit de coter ;

3° Parce que le Ministre n'a *aucun contrôle* à exercer sur la cote des valeurs françaises.

Le doute n'est plus permis après le rapprochement

fait plus haut entre le texte adopté par le Conseil d'Etat et le texte rejeté par lui. Le texte adopté est déjà assez clair par lui-même ; il devient éclatant de précision, si on le rapproche du texte rejeté.

Aussi, n'est-ce pas sans quelque surprise que nous voyons M. le Conseiller Crépon, rapporteur devant la Chambre civile de la Cour de cassation, dans l'instance qui a donné lieu à l'arrêt du 1er juillet 1885, soutenir, en commentant le décret du 7 octobre 1890, que le système de cet arrêt doit demeurer la règle de la jurisprudence.

Nous le citons textuellement :

« Le décret, dans son article 80, se borne à dire : que sont portées à la partie officielle de la cote les valeurs qui ont été préalablement reconnues par la Chambre syndicale donner lieu ou pouvoir donner lieu à un nombre suffisant de transactions. Nous avouons préférer le texte du Règlement de la Compagnie des Agents de change, dans lequel on lit : « Article 156. Lorsqu'il est reconnu par la Chambre « Syndicale que la cote d'une valeur est commandée « par l'intérêt général, elle peut d'office prononcer « son admission au comptant et à terme. » *Commandée par l'intérêt général*, à la bonne heure ! Voilà une formule qui contient tout ce qu'on doit examiner pour prononcer l'admission à la cote ; mais en est-il de même de celle adoptée par le décret, qui ne pose d'autre condition pour l'admission à la cote que de donner lieu ou pouvoir donner lieu à un nombre suffisant de transactions[1] ? »

M. Crépon reconnaît (on ne peut faire autrement)

[1] *Négociation des effets publics*, édition de 1891, p. 549.

que le décret ne pose pas d'autre condition d'admissibilité à la première partie de la cote que l'importance des transactions, importance actuelle ou probable dans l'avenir. Et, malgré cela, il continue à imposer à la Chambre Syndicale toutes sortes d'autres investigations.

Ce haut magistrat déclare préférer à la loi un règlement d'agents de change non approuvé, c'est-à-dire n'ayant aucune valeur ; il accorde ses préférences au document illégal, à l'encontre du document légal, après avoir très exactement interprété ce dernier !

Il n'existe pas avant 1890 de procédure légale d'admission à la cote ; le décret de 1890 n'a pas créé cette procédure ; il s'est même refusé à la créer comme on le lui proposait. M. Crépon constate tout cela ; mais il ne reste pas moins partisan de cette procédure illégale, qu'il déclare préférer aux prescriptions du texte légal ! Nous savons bien qu'il est l'auteur de la jurisprudence de l'arrêt de Cassation de 1885 ; car c'est en conformité des conclusions de son rapport que cette haute juridiction s'est prononcée ; peut-être estimera-t-on néanmoins que ce n'est pas une raison suffisante pour se laisser entraîner aussi loin par l'exigeante paternité d'un système difficile à défendre !

« Il y a, continue M. Crépon, des valeurs sur lesquelles peut s'établir un agiotage effréné, qui conséquemment donneront lieu à un nombre plus que suffisant de transactions ; s'ensuivra-t-il qu'elles devront être admises à la cote ? »

Certainement elles devront y être admises. Du moment qu'elles sont négociées, *avec ou sans agiotage*, elles doivent être cotées. Ou bien, dira-t-on (et on est obligé de le dire en bonne logique, si on se range à l'avis de M. Crépon) que toute valeur doit être bannie de la cote, lorsqu'elle donne lieu à de l'agiotage ? Il faudra commencer alors par en rayer les Rentes françaises !

Poursuivons notre citation :

« En dehors du nombre des transactions qui se font sur une valeur, il y a, si l'on peut ainsi parler, l'*honorabilité* de la valeur ; c'est ce dont tenait compte le Règlement de la Compagnie des Agents de change, l'intérêt général ne commandant d'admettre que des valeurs non suspectes ; c'est ce que semble oublier le nouveau Règlement, qui subordonne absolument l'admission au mouvement d'affaires établi sur une valeur.

« Le Règlement ne s'exprime pas sur le droit de radiation d'une valeur admise à la cote ; ce droit nous paraît appartenir incontestablement à la Chambre syndicale ; il est compris dans le droit d'admission. »

M. Crépon continue à réparer les oublis de la loi, qu'il comprend très bien, mais qui a le tort de ne pas dire ce qu'il voudrait lui voir dire et il perd entièrement de vue que la disposition du Règlement des Agents de change de Paris, attribuant à la Chambre syndicale le droit d'admettre les valeurs à la cote, a toujours été entachée d'illégalité et que, précisément, elle a été condamnée par l'article 80 du décret de 1890.

La Chambre syndicale n'a pas plus le droit de radiation que le droit d'admission ; elle n'a qu'à opérer le triage des valeurs qui, d'après l'importance actuelle ou probable de leurs transactions, doivent figurer non pas à la cote, qui est ouverte à toutes, mais dans une certaine partie de la cote, la partie *permanente*, dite « officielle ».

« Un silence plus regrettable, poursuit M. Crépon, est celui gardé sur les pouvoirs d'investigation de la Chambre syndicale relativement au caractère et à la situation des valeurs dont on demande l'admission à la cote ; en présence de la très grande responsabilité qui pèse sur la Chambre, il eût été bon d'indiquer que ces pouvoirs étaient absolus et qu'ils autorisaient la Chambre à se faire remettre toutes les pièces, justifications et renseignements qu'elle jugeait nécessaires.

« En tous cas, d'après les termes employés, la responsabilité de la Chambre syndicale, quant à l'admission d'une valeur à la cote et à ses conséquences, est pleine et entière ; elle seule est juge de cette admission et il ne lui est point permis, comme elle le prétendait dans l'affaire du *Transcontinental*, de se couvrir de l'autorité du Ministre des finances.

« Cette prétention, condamnée par l'arrêt de Cassation du 4 décembre 1877, l'est également par le silence qu'a gardé sur ce point le décret de 1890 ; il est évident que le Ministre des finances de 1890, comme celui de 1823 et celui de 1837 entend « se reposer sur la « prudence de la Chambre syndicale, pour concilier « l'exécution des règlements avec ce qu'elle doit au « public et à elle-même » (Lettre de M. Lacave-Laplagne[1]). »

Nous répétons, à propos de ce deuxième passage, les mêmes observations que ci-dessus, en relevant une

1. *Négociation des effets publics*, édition de 1891, page 550.

confusion faite entre l'admission à la cote en général, et l'admission à la seule partie *permanente*, dite « officielle », de la cote.

Nous ajoutons que le Ministre des finances n'aurait, à supposer qu'il le voulût, aucun pouvoir pour changer la loi.

De plus, nous remarquons, dans la citation du texte de la lettre de M. Lacave-Laplagne, Ministre de 1837, une altération matérielle, qui change notablement le sens de la citation.

Le Ministre répondait aux agents de Paris, qui redoutaient à tort des responsabilités en matière de cote et voulaient s'en décharger sur lui : « Je ne puis que me reposer sur la prudence de votre *Compagnie* pour concilier, etc. »

M. Crépon cite le passage, avec cette modification : « Je ne puis que me reposer sur la prudence de votre *Chambre syndicale*... »

Cette erreur, échappée à l'attention de l'honorable et éminent jurisconsulte, a la plus grande importance, quant au sens de la pensée du Ministre.

Ce n'est pas à la *Chambre syndicale* qu'il répond : « la cote vous regarde et ne me concerne pas ; » c'est à la *Compagnie* entière, c'est-à-dire à tous les agents indistinctement qu'il fait cette réponse.

Donc, dans la pensée du Ministre de 1837, comme dans celle des rédacteurs du Code et du décret de 1890, l'inscription à la cote est du domaine de l'Agent de change, et non pas de celui de la Chambre syndicale.

Quant à l'arrêt rendu dans l'affaire du *Transcontinental* et souvent invoqué hors de propos, il s'agit là d'une sentence prononcée en vertu de décrets abrogés aujourd'hui et dans un cas tout spécial, celui de l'admission à la cote d'une valeur étrangère, le seul où la Chambre syndicale ait une décision d'admissibilité à prendre.

Pour les valeurs étrangères autres que les fonds d'Etat, la Chambre syndicale doit, en effet, se conformer au décret du 6 février 1880, à peine de responsabilité de sa part.

Si elle négligeait les prescriptions de ce décret, il est certain qu'aujourd'hui, comme dans l'affaire du *Transcontinental*, jugée sous l'empire du décret de 1858, elle serait condamnée.

Rappeler cette affaire à l'occasion de la question qui nous occupe, c'est ériger arbitrairement en règle générale une exception créée par la législation pour un cas tout spécial.

Nous répétons que, si la Chambre syndicale de Paris a cru devoir exercer cette mission, de juger de l'admissibilité des valeurs à la cote, c'est par application d'un usage dû à une sorte de génération spontanée, en dehors de toute prescription légale.

Le décret de 1890 lui rappelle nettement l'illégalité de cet usage, avec cette circonstance particulièrement concluante, que le projet, rédigé par la Commission chargée de l'élaborer, comportait la formule de « la Chambre syndicale maîtresse de la cote », et que cette formule a été rejetée par le Conseil d'Etat comme contraire à la loi (voir plus haut, p. 22).

De ce rejet résulte le texte actuel et définitif de l'article 80.

Il est donc bien établi que la Chambre syndicale

n'a pas à se prononcer sur l'admissibilité à la cote des valeurs françaises.

Elle n'encourt, par suite, aucune responsabilité, à raison de l'inscription de l'une de ces valeurs à la cote.

Elle en encourrait une, au contraire, si elle prétendait entraver leur inscription, si elle empêchait un agent de change de coter une de ces valeurs dans la partie non permanente du bulletin.

Il semble, d'ailleurs, que notre manière de voir soit quelquefois partagée, même par la Chambre syndicale de Paris

Voici, en effet, un extrait d'une plaidoirie de Me Barboux, ancien Bâtonnier de l'ordre des avocats et conseil de la Compagnie des agents de change de Paris, parlant au nom du Syndic et de la Chambre syndicale de cette Compagnie :

« Mon honorable contradicteur..... s'en est pris à la Chambre syndicale des Agents de change ; il a plaidé qu'elle était responsable de l'admission à la cote. Il ne s'est même pas aperçu qu'il empruntait ses citations à des opinions qui ont été émises avant le décret de 1890 ; on lui a laissé ignorer que le décret de 1890 impliquait l'admission *de plein droit* à la *seconde partie* de la cote de valeurs comme celles du Comptoir des Fonds nationaux.

. . . .

« Les dispositions du décret du 7 octobre 1890 sont là-dessus extrêmement formelles :

« Article 80. — Dans les Bourses pourvues d'un « parquet, le Bulletin de la cote comporte une partie « permanente, dite officielle, comprenant les valeurs

« qui ont été préalablement reconnues par la Chambre syndicale donner lieu ou pouvoir donner lieu sur la place à un nombre suffisant de transactions. « Les fonds d'Etat français y sont portés de droit. « Les valeurs non comprises dans cette partie officielle « figurent à la seconde partie du Bulletin de la « cote..... ».

« Qui donc a fait ce décret ? Mais ce n'est pas la Chambre syndicale qui se l'est imposé à elle-même ! C'est le Gouvernement qui l'a fait, et, laissez-moi vous le dire, Messieurs, qui l'a fait malgré la Chambre syndicale ; car la Chambre syndicale, qui a toujours sa défiance éveillée contre les actions à propos desquelles des procès peuvent s'élever, a considéré comme une chose plutôt funeste pour elle, qu'on lui imposât l'obligation de publier une seconde partie de la cote, dans laquelle seraient mises ces valeurs, sur lesquelles se font des opérations moins considérables que sur celles qui sont admises à la cote officielle.

« En tout cas, *ce n'est pas la Chambre syndicale qui a le droit d'admettre à cette cote ou de n'y pas admettre telle ou telle valeur ;* la loi est formelle : « Les valeurs non comprises dans cette partie officielle « figurent dans la seconde partie du Bulletin. » Et le Règlement qui a été fait en exécution de ces dispositions de la loi s'exprime ainsi : « Les deux parties du « Bulletin de la cote prévues à l'article 80 du décret « du 7 octobre 1890 sont publiées séparément. »

« Or, Messieurs, ce Règlement date du 3 décembre 1891 ; la mise en vigueur de la deuxième partie de la cote a eu lieu le 5 mai 1892. Le 5 mai 1892, conformément à l'obligation que le décret du 7 octobre 1890 lui imposait, la Chambre syndicale a ajouté à la cote officielle la seconde partie de la cote, et, dans cette seconde partie, elle a cru qu'il était de son devoir, puisque c'était la volonté que lui avait exprimée le législateur, d'y insérer toutes les valeurs sur lesquelles s'étaient établis des marchés assez importants pour qu'on pût y mettre des cours ; et c'est ainsi que, *de plein droit, sans aucune délibération de la Chambre*, sans l'influence de personne, c'est ainsi que, *de plein droit,* le 5 mai 1892, à l'ouverture de la cote, les actions du Comptoir des Fonds nationaux, en même temps que celles des Sociétés filiales, y ont figuré [1]. »

Me Barboux, avocat-conseil de la Compagnie des agents de change de Paris a parfaitement raison : la seconde partie de la cote est librement ouverte à toutes les valeurs françaises et leur accès dans la première dépend uniquement de l'importance de leurs transactions.

Il n'existe donc pas d'admission à la cote des valeurs françaises.

Du reste, une bonne jurisprudence doit être applicable à toute la France ; or, comment appliquer le système de l'arrêt de Cassation de 1885 à la place de Lyon, par exemple, place où il n'existe pas de procédure d'admission à la cote des valeurs françaises?

La Compagnie des agents de change de Lyon ignore cette admission à la cote. Comment donc appliquer, à Lyon, le régime de la Cour de cassation? On e voit nettement l'impossibilité absolue.

Que penser alors de cette jurisprudence appli cable à Paris, inapplicable à Lyon? Commen

[1] Journal *la Loi* du 30 novembre 1897.

peut-elle subsister à l'état de vérité ici, d'erreur là?

Et on ne peut pas obliger les agents de change de Lyon à créer une procédure d'admission à la cote.

Si on prétendait l'exiger d'eux, si on voulait leur imputer une responsabilité pour inscription d'une valeur française à la cote, ils répondraient : « Où est le texte législatif qui prévoit ou ordonne cette procédure ? Nous en connaissons bien un, le décret du 6 février 1880 ; mais il ne concerne que les valeurs étrangères ; quant aux valeurs françaises, nous ne connaissons aucun texte qui y fasse allusion ; bien plus, nous savons que le seul texte qui réglemente la cote, le décret de 1890, a rejeté cette procédure d'admission qu'on avait essayé d'introduire, de glisser au nombre de ses dispositions. »

Il n'y aurait rien à objecter à cette réponse péremptoire.

Cette difficulté d'appliquer, en dehors de Paris, le système de l'arrêt de Cassation de 1885, nous amène à examiner un autre obstacle à son application, obstacle très justement exposé devant la Chambre des requêtes, par M. Ballot-Beaupré, qui était alors chargé du rapport sur le pourvoi porté devant cette Chambre et qui est aujourd'hui premier Président de la Cour de cassation.

Puisque, d'après l'arrêt de 1885, les mots « susceptibles d'être cotés » sont synonymes de « admis à la cote », il doit en résulter que c'est la décision de la Chambre syndicale qui placerait les différentes valeurs dans le domaine de l'agent de change ou les laisserait en dehors de ce domaine.

Mais il n'existe pas en France qu'une seule Chambre

syndicale ; il y en a autant que de Compagnies d'agents de change et chacune d'elles a les mêmes pouvoirs.

Or, quelle est la Chambre syndicale qui aura le privilège de donner à une valeur la qualité consistant à être susceptible d'être cotée? Ce ne sera pas plus celle de Paris, que celle de Lyon, ou de Lille, ou de Marseille, et ce sera tout aussi bien celle de Toulouse, ou de Bordeaux ou de Dunkerque. Il faudra alors que l'intermédiaire libre s'assure, avant d'être certain de ne pas empiéter sur le privilège, que la valeur négociée par lui n'est cotée et n'a jamais été cotée par aucune Compagnie d'agents de change de France. Est-ce possible ?

Ou bien le privilège est-il territorial ? Mais alors, où est la loi qui fixe la compétence territoriale des Agents de change, qui limite le ressort de la compétence de chaque Compagnie d'agents de change ?

Si chaque Compagnie n'est compétente que pour la place où elle est créée, l'intermédiaire libre pourra négocier valablement à Vincennes, ou à Clamart, toutes les valeurs de la cote de Paris, ou de toute autre bourse.

Si la compétence de chaque Compagnie va plus loin que la place où elle est créée, où s'arrêtera le ressort de cette compétence ? Quelle cote devra consulter le banquier d'une ville située entre Paris e Lyon, pour savoir s'il peut se faire valablement l'in termédiaire d'une négociation ? Le ressort de Pari s'étend-il jusqu'à Sens, ou jusqu'à Dijon, ou jusqu' Mâcon ?

« D'après les demandeurs en Cassation, dit M. Bal lot-Beaupré, l'admission à la cote préalablement réa lisée détermine seule l'existence du monopole, celui ci dépend donc de la décision rendue par la Chambre syndicale.

« Mais par laquelle ?

« Par la Chambre syndicale de Paris ?

« Or, il y a, en France, d'autres Bourses, moins importantes sans doute, mais également pourvues de parquets....

« Il peut donc arriver, on peut le supposer tout au moins, que des actions ou obligations formant à Paris l'objet de transactions fréquentes, soient cotées à Paris même, mais que, par la raison inverse, elles ne le soient pas à Bordeaux ou réciproquement.

« Dans ce cas, les négociations confiées à des intermédiaires sans qualité seront-elles nulles ici, valables là ?

« Et quel sera leur sort, si elles ont lieu dans des villes situées entre Bordeaux et Paris ?

« Ces difficultés ne se présentent pas avec l'arrêt attaqué, qui reconnaît pour toute la France un régime uniforme[1]. »

Le projet du décret de 1890 tranchait la difficulté, en réformant la loi. Il décidait que l'admission d'une valeur à la cote par une Chambre syndicale quelconque attribuait la négociation de cette valeur aux seuls Agents de change. Mais nous savons que le Conseil d'Etat n'a pas admis cette réforme de la loi, qui excédait sa compétence.

On voit que, quel que soit le point de vue auquel on se place, le système de l'arrêt de 1885 est inacceptable.

[1] Crépon, *Négociation des effets publics*, page 86.

Il faut toujours en revenir au Code de commerce et à ses prescriptions.

Un seul et même texte, l'article 76 de ce Code, donne, *par une seule et même phrase*, à l'Agent de change le pouvoir de *négocier* les valeurs et le pouvoir de les *inscrire à la cote*. Si on lui enlève le second de ces pouvoirs pour le transférer à la Chambre syndicale, pourquoi ne lui enlèverait-on pas aussi le premier, celui de négocier ? Pourquoi ne ferait-on pas de chaque agent un simple commis de la Chambre syndicale, pour procéder aux négociations dans un intérêt corporatif commun ? Ce ne serait pas plus illégal.

Il est évident que sur la cote, comme sur la négociation, la Chambre syndicale n'a que la mission de *surveillance* inhérente à ses fonctions disciplinaires.

Avant, comme après 1890, c'est violer la loi que de restreindre aux seules valeurs admises à la cote officielle l'obligation du ministère de l'Agent de change ; c'est aussi violer la loi que de transférer de l'Agent de change à la Chambre syndicale le droit de prononcer sur l'admissibilité des valeurs à la seconde partie de la cote.

Le Gouvernement lui-même, lorsqu'il use de la délégation de l'article 90 du Code de commerce pour instituer une admission à la cote, n'a légalement de pouvoirs à cet égard, qu'en ce qui concerne les valeurs qui, sous l'empire du Code de commerce, c'est-à-dire en 1807 et depuis, n'avaient pas encore libre accès a la cote — les valeurs étrangères.

La cote (mais non la négociation) en était interdite par des ordonnances et arrêts antérieurs, notamment l'arrêt du Conseil, du 7 août 1785, article 4

En levant l'interdiction, le Gouvernement a eu l

droit de le faire sous certaines conditions, telles que la nécessité d'une décision de la Chambre syndicale et d'une autorisation ministérielle.

Quant aux valeurs françaises, qui, toutes sans exception, étaient celles susceptibles d'être cotées en 1807, la constatation de leur cours rentre, de par l'article 76 du Code de commerce, dans les attributions *exclusives*, *individuelles*, des Agents de change, et non dans celles des Chambres syndicales, et elle ne peut leur être enlevée par le pouvoir exécutif.

On ne pourrait arguer en sens contraire, ni de la loi du 15 pluviôse an IV, ni de l'article 25 de l'arrêté du 27 prairial an X, ni des articles 43, 77 et suivants du décret du 7 octobre 1890 ; ces textes ne donnent à la Chambre syndicale qu'un droit de contrôle sur la *sincérité du cours* coté par l'Agent, mais non celui de juger si la valeur est *digne de la cote*. Le rôle de la Chambre syndicale consiste toujours et seulement à exercer, par les soins du Syndic ou de l'adjoint de service, sa surveillance sur la *sincérité des cours*, aussi bien dans la seconde partie de la cote que dans la première.

En dehors de ces motifs d'ordre légal, il y a de graves inconvénients au point de vue de la liberté des transactions et du développement du marché français, à ce que la Chambre syndicale soit libre d'ouvrir ou de fermer, à son gré, l'accès de la cote.

Si on lui reconnaissait légalement ce droit, on arriverait sans doute promptement à admettre, par contre, des responsabilités pouvant résulter de son abus.

Sous le coup de ces responsabilités possibles, les Chambres syndicales exagéreraient encore les précautions de celle de Paris, avant d'admettre les valeurs à la négociation authentique, et le développement du marché français, déjà très entravé par les exigences fiscales, le serait encore par les craintes de responsabilité des Chambres syndicales.

En se plaçant au point de vue de la logique, on trouve que le libre accès de la seconde partie de la cote est aussi rationnel qu'il est légal.

Comme le font justement remarquer MM. Camille Lyon et Georges Teissier, l'existence d'un cours authentique est peut-être plus nécessaire pour les valeurs à transactions rares, que pour les valeurs à grand marché, sur le prix desquels tout le monde est renseigné.

Le cours peut être plus aisément faussé sur une valeur à marché étroit ; il est plus facile, pour un titre peu connu, de faire insérer, dans des bulletins ou journaux, des cours qui induisent le public en erreur.

D'autre part, ces cours fantaisistes présenteraient de graves inconvénients pour les agents, qui auraient réellement négocié ces valeurs ; les cours mentionnés sur leurs bordereaux concorderaient rarement avec ceux qui seraient ainsi publiés sans contrôle ; de là des réclamations de la part des donneurs d'ordres, sans qu'il soit possible de leur opposer un cours authentique, si la seconde partie de la cote était fermée à ces cotations.

Il faut absolument dégager la certification du cours des négociations de toute idée de certification de la sécurité de la valeur négociée.

Les titres d'une Société en liquidation ou en faillite ont aussi complètement droit à la cote que tous autres, du moment qu'ils donnent lieu à des négociations.

Parce qu'une Société est en faillite, parce qu'on plaide sur sa nullité (ce qui est presque toujours le cas lorsqu'il y a faillite), cela n'empêche pas que ses titres ne circulent dans le public et ne représentent des droits dans sa liquidation, droits parfaitement négociables.

Pourquoi le malheureux actionnaire ou obligataire d'une Société tombée en déconfiture, devrait-il ajouter à ce premier malheur d'y être intéressé, celui de ne pouvoir négocier son titre avec les garanties habituelles des transactions de cette nature ?

Ces résultats, profondément injustes pour les porteurs de titres à petit marché, sont cependant ceux auxquels on arrive avec le système d'investigation organisé par le Règlement des agents de change de Paris de 1870, Règlement dont le décret de 1890 a refusé avec raison d'adopter les dispositions.

Il ne faut pas oublier que le monopole de l'Agent de change n'a pas été créé dans l'intérêt de la corporation, qui en retire les avantages légitimes formant la contre-partie de ses charges.

Il a été institué dans un *intérêt d'ordre public*, pour donner la plus grande sécurité possible aux transactions sur valeurs mobilières.

Si ce monopole a été maintenu, c'est en raison de cet intérêt public ; si le législateur s'est toujours prononcé en faveur de son maintien, depuis 1807, c'est pour que toutes les transactions de bourse puissent profiter des garanties qu'il présente, ainsi que l'a voulu la loi.

Il faut que la sécurité du ministère des Agents de

change soit assurée à la négociation de toutes les valeurs sans exception.

La corporation, instituée dans un but d'ordre public, ne doit pas être libre de faire un triage entre les valeurs, pour s'attribuer les unes et rejeter les autres, ce qui est depuis trop longtemps la tendance regrettable de la Chambre syndicale de Paris.

Il n'y a aucune raison pour que les valeurs déshéritées, peu connues, rarement négociées, soient privées de ces garanties du ministère de l'Agent de change; elles ont droit comme les autres à la sincérité du cours; on vient même de voir qu'elles en ont un plus grand besoin, car il est plus facile de fausser le cours d'une valeur à marché étroit que celui des grandes valeurs de négociation courante.

Il semble contraire au bon sens que le régime, reconnu le meilleur pour notre marché financier, ne soit pas appliqué dans toute son étendue.

Pourquoi priver une partie des négociations des avantages et des garanties qu'on attend de lui?

Une corporation d'agents de change ayant le droit de choisir les valeurs relevant de son ministère ressemblerait à une corporation de médecins, qui consentirait à soigner une certaine catégorie de malades et obligerait les autres à recourir à des empiriques.

Si les Agents de change ont un monopole, et le législateur a jugé constamment, malgré toutes les sollicitations contraires, qu'il y a utilité publique à ce qu'ils en soient investis, il faut, par contre, qu'ils soient obligés d'en assumer toutes les charges, sans exception.

S'ils pouvaient, au contraire, partager ce monopole, s'ils pouvaient choisir, parmi les négociations, celles qui conviennent le mieux à leurs propres intérêts, pour répudier les autres, le but de l'institution ne serait plus rempli et le marché libre serait alors préférable, malgré ses inconvénients.

Il faut laisser à la cote son caractère véritable, qui n'est nullement *une garantie de la qualité* du titre coté, mais simplement une *constatation authentique du prix* auquel il a été négocié.

Pourquoi entourer de précautions un acte si simple ? Pourquoi retirer aux Agents le droit, qui leur est individuellement donné par la loi, de *conférer l'authenticité* au cours de leurs négociations ?

Il ne peut en résulter que des inconvénients :

1° L'attribution à la cote, au préjudice du public facilement pris à cette équivoque, d'une sorte de caractère de garantie qu'elle n'a pas, qu'elle ne doit pas avoir ;

2° Des craintes de responsabilités de la part des Chambres syndicales qui, soucieuses avant tout de les éviter, étoufferaient en même temps le développement des affaires régulières ;

3° Des entraves au développement du marché financier français en général, au profit de la concurrence des marchés étrangers.

Ce serait une erreur de croire, comme on l'a dit, que l'arrêt de 1885 tient un compte utile du fait accompli et qu'il a sauvé l'existence de la Coulisse.

Il n'a rien sauvé du tout; car il a fallu violer outrageusement les principes sur lesquels repose cet arrêt, pour organiser le système bâtard, qui règne actuellement à Paris. N'est-ce pas tout spécialement pour négocier les Rentes françaises que la Coulisse a été maintenue? Et on assiste alors à ce spectacle étonnant du Parquet de Paris, délivrant à la Coulisse, sous le regard bienveillant du Ministre des finances, des bordereaux de complaisance pour légitimer la négociation illicite des Rentes françaises, bordereaux que les Tribunaux refusent, d'ailleurs, d'admettre à juste titre. D'autres valeurs cotées sont encore abandonnées à la Coulisse, suivant un compromis analogue à celui des Rentes françaises ; telles sont les Rentes Espagnoles, Turques et Serbes, la Banque Ottomane, le Rio-Tinto, etc.

Est-ce un tel régime que la Cour de Cassation a entendu consacrer?

On ne peut pas soutenir non plus que ce régime ait été sanctionné par l'article 14 de la loi du 13 avril 1898 (amendement Fleury-Ravarin). Il suffit de lire le texte de cet article, qui ne parle d'admission qu'en ce qui concerne la première partie de la cote, pour se convaincre qu'il ne modifie en rien l'article 76 du Code de commerce. De plus, il n'a été voté par le Parlement que grâce à la déclaration incessamment répétée par le Ministère des finances, *qu'il ne porte aucune atteinte à l'article 76 du Code de commerce*, lequel demeure absolument intact, par conséquent.

En résumé :

La formule de « la Chambre syndicale maîtresse de la cote » n'existe et n'a jamais existé dans aucun document législatif.

Bien plus, elle est contraire à l'article 76 du Code de commerce, qui donne le pouvoir de constater les cours aux Agents de change et non pas à la Chambre syndicale.

Cette formule ne se trouve que dans les articles 155 et 156 du Règlement particulier des agents de change de Paris du 24 juillet 1870 ; mais ce Règlement n'a jamais eu aucune valeur légale, n'ayant pas reçu l'approbation gouvernementale.

Si les dispositions de ces articles 155 et 156 ont fait impression sur quelques auteurs, s'ils ont eu même une influence sur la décision rendue en 1885 par la Cour de cassation, *contrairement à sa jurisprudence antérieure et à celle de toutes les Cours d'appel*, c'est que la nullité de ces dispositions n'a été soulevée, ni plaidée par personne.

Le Conseil d'Etat, rédacteur du dernier document législatif sur la matière, l'article 80 du décret de 1890, non seulement n'a pas consacré cette formule, mais l'a rejetée, après qu'elle lui avait été proposée par la Commission chargée d'en élaborer le projet. (Voir plus haut, p. 22.)

Le Règlement intérieur des agents de change de Paris contient encore cette formule ; mais ce Règlement, pas plus que celui de 1870, n'a aucune valeur légale, n'ayant pas reçu la sanction du Gouvernement exigée par l'arrêté du 27 prairial an X, l'ordonnance du 29 mai 1816 et l'article 82 du décret du 7 octobre 1890.

La loi et l'intérêt du bon fonctionnement du marché des valeurs exigent que le ministère obligatoire de l'Agent de change soit assuré à toutes les transactions licites.

Il n'y a aucun avantage à modifier cet état de choses légal et rationnel.

Dans tous les cas, il n'appartient pas aux Tribunaux de modifier la loi, qu'ils ont seulement le devoir d'interpréter.

L'interprétation de l'arrêt de Cassation du 1er juillet 1885 est une flagrante altération de la loi.

Il faut y renoncer et revenir à la jurisprudence antérieure, conforme à celle de toutes les Cours d'appel.

Abel WALDMANN,
Docteur en droit,
Agent de change à Lyon,
Adjoint au Syndic.

Juin 1904.

Lyon. — Imp. A. REY, 4, rue Gentil. — 36245

www.ingramcontent.com/pod-product-compliance
Ingram Content Group UK Ltd.
Pitfield, Milton Keynes, MK11 3LW, UK
UKHW021522260726
13993UKWH00004B/1824